1

El avión aterriza en el aeropuerto José Martí y las puertas se abren. Mientras baja la escalerilla, Priscilla respira un aire húmedo y caliente, un aire nuevo y desconocido. Por fin está en Cuba.

En la sala de espera, delante de las grandes puertas de cristales, Lisa mira impaciente a todos los viajeros que salen con sus maletas y sus bolsas de viaje. Una luz verde señala en el monitor que el vuelo 358 de Cubana de Aviación ya está en tierra.

Lisa mira su reflejo en el cristal de la puerta: una chica morena, alta, delgada, con los ojos verdes y el pelo negro, corto. Lleva una camiseta roja y una minifalda blanca. Mira a la puerta que dice *salidas* y ve otra vez su imagen: una chica morena, alta, delgada... (bueno, unos *kilitos*[1] más que ella), con los ojos verdes y el pelo negro, pero largo. Lleva una camiseta blanca y unos *jeans*. La imagen levanta un brazo y grita:

- ¡Lisa, soy yo!

- ¡Yolanda!

Efectivamente, es Yolanda, su hermana gemela. Hace doce años que no la ve.

Lisa y Yolanda se abrazan, llorando y riendo al mismo tiempo. La gente las mira y comenta en voz baja:

- Son idénticas, son gemelas.

- Ya no me llamo Yolanda, ahorita me llamo Priscilla.

- ¿Y por qué, mi amor? Yolanda es tan lindo...

- No sé, allá en Miami, Priscilla suena mejor.

- Ven -dice Lisa-, papito nos está esperando en el parking. Dame tu valija. Ay, chica, cuántos paquetes.

- Son regalos para ti, para papito, para toda la familia... Ay, mi amor, qué impresión, qué *nice,* tú eres igualita a mí, es como mirarme en el espejo.

- ¿Qué tú dices, *chica*[2]? Tú eres más *linda*[3], más elegante que yo.

- No es verdad; es la ropa, pero toda es para ti, todita. Yo tengo mucha más, allá en Miami.

José, el padre, sale de la *máquina*[4] al verlas llegar y abraza a Priscilla.

- Ay, mi amor, mi Yolanda querida...

- No, papi, ya no soy Yolanda, ahorita soy Priscilla.

- ¿Y eso por qué?

- Porque es más *anglo*, más fácil, *allá*[5] suena mejor, es más *sweet.* ¿Y este *carro*[4]? ¿Sale de un museo?

Señala con el dedo el viejo Cadillac azul de los años cincuenta, el tesoro del vecino Fulgencio. Mientras, el padre piensa con nostalgia en la canción *Yolanda*, de

LLEGADAS
MIAMI VUELO 358

Pablo Milanés, su preferida, que estaba de moda cuando nació Yolanda, perdón, Priscilla.

- ¿La máquina? No es mía, es de un vecino... Acá en Cuba no es fácil tener un carro, no tenemos combustible. ¿Olvidas el *bloqueo*[6] de los *yanquis*[7]?

- Dejemos la política, papito. Es lindo tu carro. Permíteme una foto. Y saca la cámara. Clic, ya está.

Las dos hermanas se sientan juntas detrás mientras el viejo Cadillac atraviesa parte de La Habana siguiendo la calzada del Monte y llegando por el parque Central a La Habana Vieja, donde viven Lisa y José y donde toda la familia está esperando a la *gusanita*[8]. Priscilla lo mira todo con sus grandes ojos verdes muy abiertos: la vegetación exuberante, las bellas palmas reales, las ceibas, las flores de colores vivos en los parques... pero también las deterioradas y hermosas casas de La Habana Vieja. Es increíble encontrarse de pronto en un mundo tan diferente del de Miami, con sus tiendas de lujo, sus limusinas y sus grandes hoteles.

- Sé lo que estás pensando -le dice Lisa-, pero Cuba no es sólo esto; hay muchas cosas más que te voy a enseñar. Llevas doce años de tu vida lejos de nosotros, lejos de esta ciudad. Ahora tienes que conocerla poco a poco.

"Doce años", piensa Priscilla. Doce años desde aquel día de la separación de los padres. El padre, José, revolucionario y partidario de Fidel, decide quedarse en Cuba y luchar por la revolución. La madre, Alicia, se siente atraída por el lujo y la facilidad de la Florida cercana y deciden repartirse a las hijas: una para mí, otra para ti; una se queda, otra se va; una norteamericana, otra cubana. Las dos gemelas se separan una tarde de otoño en el aeropuerto de La Habana: Lisa se queda, Yolanda se va. Lisa, con los ojos llenos de envidia ve el avión que vuela hacia el Norte con su hermana gemela y su madre dentro; Yolanda, con los ojos llenos de nostalgia ve su isla cada vez más pequeña, con su hermana y su padre como dos puntos diminutos en el aeropuerto; las dos lloran.

Doce años después, cuando van a cumplir dieciocho, deciden verse otra vez. Lisa no puede viajar a Miami, no tiene pasaporte para los Estados Unidos; Priscilla va a tener muchos problemas para obtener la visa, pero por fin la obtiene y el regalo de cumpleaños de Alicia, su mamá, que trabaja en una peluquería de lujo, es el billete para Cuba.

El apartamento donde viven Lisa y su padre es una de las muchas divisiones de una vieja casa señorial en La Habana Vieja. Sus propietarios han desaparecido y la casa ha sido dividida en muchos miniapartamentos. José y Lisa tienen una gran *pieza*[9], que sirve de comedor, salón y cocina, y donde duerme y estudia Lisa, y, una minúscula pieza donde duerme José. Junto al rincón-cocina hay una ducha bastante rudimentaria y los inodoros son colectivos y están en la escalera. Priscilla prefiere no contar a su hermana que ella y su madre viven en un gran apartamento de Miami Beach frente al mar, en Collins Avenue y que tiene para ella sola una gran pieza con un cuarto de baño individual y una linda terraza que da al océano. Su madre tiene otra gran pieza con otro cuarto de baño, un gran salón con terraza y una cocina supermoderna, con un gran *frigo*[10] americano de dos puertas, microondas, fogón eléctrico, triturador de basuras, licuadora y todos los electrodomésticos del mundo.

- Mira qué lindo -le dice Lisa y la lleva de la mano hasta el balcón-. El mar está enfrente.

Es verdad. Es una de las más bellas vistas de la Habana. La casa está cerca de la fortaleza de La Punta y al otro lado de la bahía se ven las fortalezas de El Morro y la Cabaña; las tres, construidas por los españoles, protegen el puerto más seguro y hermoso del Caribe. Al Este, Regla, barrio de marineros, con la Virgen de Regla, una virgen negra que tiene en sus brazos a un Niño Jesús blanco.

Lisa le enseña una pequeña estampa:

- Míra qué linda: *Yemahá.*

- ¿Qué tú dices, *Yemahá*, no es ésa la Virgen de Regla?

- Sí, pero también es *Yemahá*, la diosa del mar en la religión *yoruba*; ya sabes que aquí todos los santos están multiplicados por dos: el católico y el africano... Los *orishas* o los dioses africanos son muy importantes en Cuba. ¿Nunca te habla nuestra madre de estas cosas?

- Nuestra madre quiere sobre todo integrarse en la sociedad estadounidense, no quiere saber nada de Cuba.

- A Cuba llegaron como esclavos más de 500 etnias africanas y ése es el resultado de lo que somos hoy, más los españoles, más algunos franceses y algunos chinos, etc. La cultura negra es parte integral de lo cubano, sobre todo en la religión: Santa Bárbara es *Changó*, San Pedro es *Ogún,* San Antonio, *Eleguá...* Nuestra música también es africana... Y nuestra poesía: ¿conoces la *bala-da de los dos abuelos*, de Nicolás Guillén?

- No, en la *High School* nunca me hablaron de él.

- Pues escucha bien:

"África de selvas húmedas
- ¡Me muero! -dice mi abuelo negro.
(...) Los dos del mismo tamaño,
bajo las estrellas altas.
Gritan, lloran, sueñan, cantan.
Aguaprieta de caimanes,
verdes mañanas de cocos...
- ¡Me canso! -dice mi abuelo blanco.
(...) Los dos del mismo tamaño,
ansia negra y ansia blanca.
Lloran, cantan, ¡cantan!"

- Estoy pensando, Lisa, en la película *Fresa y Chocolate*. ¿La viste?

- Cómo no, es una película maravillosa de Tomás Gutiérrez Alea, uno de nuestros mejores cineastas.

- Diego, el protagonista, tenía en su pieza de La Habana Vieja a todos esos santos-*orishas* de que tú estás hablando, siempre con velas y flores.

- ¿Te gusta el cine, Yol... Priscilla?

- Lo adoro: Spielberg, por ejemplo...

- Iremos a la filmoteca. Acá los espectáculos culturales no son caros, son para el pueblo. Los libros y los discos también... El papel de los libros es de mala calidad pero eso no importa, lo que importa es poder aprender.

2

Mientras tanto, José, que es un gran cocinero, prepara un arroz con frijoles negros y de postre, un dulce de guayaba con queso blanco. En ese momento llaman a la puerta y empieza a llegar toda la familia: los abuelos paternos, la tía Milagros, el tío Paco, los primos, las primas... Todos besan y abrazan a Priscilla, todos la encuentran linda y elegante.

- Es igualitica a Lisa, ¿ya tú viste? Como dos goticas de agua mismamente.

José ha preparado *mojitos*[11] y todos reciben algún regalo de Priscilla: una máquina de afeitar eléctrica para uno, un cepillo de dientes a pilas para otro, cremas y perfumes para las señoras, pastillas de jabón de olor y pasta de dientes e incluso medicinas, para todos.

- Ay qué lindos los *jeans*.

- ¿Ya tú viste mi *walkman?*

- Para ti este disco de Albita.

- ¿Y quién es Albita, mi amor?

- Está de supermoda en Miami, ¿nunca la oyeron? Es aquella que canta: *¿Qué culpa tengo yo de haber nacido en Cuba?*

Hay un largo silencio.

- No, aquí oímos a Pablo Milanés, a Silvio Rodríguez, al trío Matamoros, a Compay Segundo, a Benny Moré... ¿Qué tú quieres escuchar?

- No, ahora música, no, que ya hay bastante ruido con todos *ustedes*[12] -dice José.

- Qué sabroso su mojito, papi, ¿cómo lo hace?

- ¿Allá en Miami nunca beben mojitos? ¿Y qué beben?

- Bebemos *margaritas*[13] y mucha coca-cola. También hay mojitos en los bares cubanos, pero no tan buenos como el suyo.

- Para eso hace falta ron blanco y yerbabuena crecida en Cuba, *m'hijita*[14]. Los yanquis no tienen esas cosas.

-Bueno, bueno, la política para otro día, ¿ya?

Los hombres visten todos *guayaberas*[15] *y* fuman olorosos *tabacos*[16]. Priscilla exclama horrorizada:

- ¿Acá no está prohibido fumar? ¡Es malísimo para la salud! Sobre todo para los fumadores pasivos. ¿Por qué no salen fuera a fumar?

- Ay, mi amor, acá tenemos otros problemitas, eso son lujos de capitalistas.

- Pero la salud...

- La salud es lo más importante en Cuba. Lo dice el primo Osvaldo que es médico. Hay hospitales en este país adonde vienen a curarse enfermos de toda América Latina y de otros continentes también... Hay enfermedades de los ojos que sólo se curan aquí; y también del sistema nervioso: Parkinson, Alzheimer, cirugía estética, trasplantes, y todo esto a pesar del bloqueo.

- Ejem, la propaganda política después, primo. ¿No te importa?

Termina la comida, las mujeres recogen y lavan platos, cubiertos, vasos, cacharros, tazas y copas; los hombres fuman un poco más, beben y *platican*[17].

- Bueno, nosotros nos vamos que Priscilla tiene que descansar.

- ¿Descansar? ¡Qué horror! Lo que yo quiero ahorita mismo es visitar la Habana con mi hermanita. ¿Puedo *manejar*[18] su carro, papi?

- Ejem... bueno, m'hijita, la máquina no es mía y Fulgencio, mi compadre, la necesita. ¿Y cómo tú manejas si no tienes 18 años?

- Allá en Estados Unidos todos manejamos a los 16 años, es indispensable. El permiso de manejar es la pieza de identidad de los norteamericanos. No se puede vivir sin manejar, ¿sabe? Yo tengo mi propio carro y mi mamá el suyo.

Todos la miran con admiración.

- Yo te puedo prestar mi bici *nomás*[19], prima Priscilla.

Anabel, una mulatica de 12 años resuelve el problema. La bici está abajo, junto a la de Lisa y las dos gemelas se despiden de toda la familia con muchísimos besos, abrazos y exclamaciones de cariño.

Por fin se van.

3

Lisa lleva ahora un *T-shirt* muy americano, unas zapatillas de deporte Reebok y una gorra de béisbol roja Nike, con la visera hacia atrás, todo ello regalo de Priscilla. Ésta lleva un *short* con flores de muchos colores, un *T-shirt* con la imagen de Mickey y una mochila en la espalda con la cámara, películas de repuesto, un *walkman* para ella y otro para su hermana, cintas con los éxitos del *hit parade* estadounidense y un producto repelente para insectos y parásitos. Ah, y también unas gafas de sol de la mejor marca sobre la frente. Un grupo de jóvenes mulatos las mira en la calle y silba con admiración.

- ¿Adónde vamos? -pregunta Priscilla.

- Lo primerito nomás, a la heladería Coppelia.

- ¡La conozco! Sale en *Fresa y chocolate*, es la terraza donde se conocen los dos muchachos, ¿a que sí?

- Exacto, y donde venden los mejores helados del Caribe. Después...

- Oye, acá las calles tienen nombre, no es como en Estados Unidos, que tienen números.

- Bueno, sólo en La Habana Vieja: calle Virtudes, calle San Joaquín, calle del Obispo... pero en otros barrios, como Vedado o Miramar tienen números y letras como en Estados Unidos. Por ejemplo, los números impares corresponden a las calles paralelas al mar, ¿comprendes? No es difícil. Las calles perpendiculares al mar, o al paseo del Malecón, funcionan con letras: calle P, calle L, etc.

- Pues tú no sabes, chica, que nosotros tenemos en Miami, en pleno *Little Havana,* una calle Ocho, así como suena, en puro español: la calle Ocho, en la mismitica Sagüesera.

- ¿Qué tú dices, y qué cosa es, la *Sagüesera?*

- Ay, mi amor, así es como pronuncian los cubanos que no saben mucho inglés *South West*... Sagüesera; ya sabes que las ciudades americanas están divididas en sectores: North East, North West... Y también tenemos una calle *Celia Cruz*[20] en Miami.

- Ay qué bueno, a mí me encanta Celia Cruz.

- A propósito de cantantes, ¿quieres oír el último disco de *Gloria Stefan*[21]? Ponte el *walkman*, verás qué lindo.

Lisa se pone los auriculares y escucha:

"La tierra te duele, la tierra te da,
en medio del alma, cuando tú no estás.
La tierra te empuja de raíz y cal,
la tierra suspira si no te ve más.
La tierra donde naciste no la puedes olvidar,
porque tiene tus raíces y lo que dejas atrás."

Lisa mira a su hermana:

- ¿Tú oyes esta canción muy a menudo?
- Todos los días.
- ¿Y te pone triste?
- Sí.
- ¿Y ahora no estás triste?
- No.
- ¿Por qué?
- Porque estoy en La Habana y estoy contigo.
- ¿Quieres oír la que más escucho yo?

Y le pasa una cinta de Pablo Milanés. Priscilla escucha:

"De amores, de amores, eternamente de amores...
Si alguna vez me siento derrotado,
renuncio a ver el sol cada mañana;
rezando el credo que me has enseñado,
miro tu cara y digo en la ventana:
Yolanda, Yolanda, eternamente Yolaaaaanda..."

- Es linda. ¿También te pone triste cuando la escuchas?
- Muchísimo.
- ¿Y ahorita ya no lo estás?
- Ya no, mi hermana. Estamos juntas. Estoy con Yolanda; digo, con Priscilla.

4

Han llegado a Coppelia. Hay cola para los helados, pero no les importa, tienen todo el tiempo del mundo. Mientras esperan, hacen planes para el paseo de esta tarde.

A lo largo de tres horas, cansadas y felices, pedalean por el Malecón, el paseo más bello del Caribe, de siete kilómetros de largo. El agua salada de las olas las moja al pasar, atraviesan el Vedado y llegan hasta Miramar, barrio de embajadas, hoteles y tiendas lujosas para turistas. Terminan en la plaza de la Revolución, donde están la Biblioteca Nacional y Correos. Priscilla admira la estatua de *José Martí*[22]. La plaza de la Revolución es también el centro de las grandes concentraciones políticas y los grandes discursos de Fidel.

- Lisa, ¿no estaba aquí también la gran fotografía de Che Guevara?

- Sí, hasta 1992. Ahora ya no está, no me preguntes por qué.

- Pobre Che, el último héroe romántico de la historia.

- Encontraron su cuerpo en Bolivia hace poco tiempo, ¿lo sabes?

- Mi mamá no quiere oír hablar del Che, pero yo tengo un *T-shirt* escondido con su imagen. ¿Conoces la película?

- ¿Cuál, la de *Evita*, con Madonna y Antonio Banderas? Acá no vemos esas *pendejadas*[23].

- Escucha.

Y Priscilla saca otra cinta de su mochila:

"*Don't cry for me, Argentina...* " -canta Madonna.

- Tiene una linda voz, pero acá no nos gusta la historia de Latinoamérica contada por los yanquis.

- La política para más tarde, hermanita, ¿sí?...

Y las dos se ríen.

Regresan a La Habana Vieja y se paran en La Bella Habana, una de las mejores librerías de la ciudad. Dejan las bicicletas en la puerta y entran:

- ¿Qué tú quieres?

- ¿Yo...?

- Pues claro, m´hijita, tú me regalas ropa y electrónica, yo te regalo libros. Vamos a empezar por una mujer: Gertrudis Gómez de Avellaneda, una extraordinaria escritora cubana y, después, los modernos: Lezama Lima, el gran maestro; Alejo Carpentier; Nicolás Guillén, nuestro poeta afro-cubano; Jesús Díaz, un novelista que fue revolucionario y ahorita vive en la gusanera[8] de Madrid... Por hoy es suficiente.

- En casa, en Miami, tenemos a Guillermo Cabrera Infante, a Zoe Valdés, a María Elena Cruz Varela, la poetisa.

- Claro, exactamente los que no podemos leer aquí.

- ¿Qué hemos hecho tú y yo para merecer esto?

- *¡Haber nacido en Cuba!*

5

Ya de noche regresan a casa; la noche caribeña cae bruscamente, pero antes, el habitual *aguacero*[24] de todas las tardes cae con fuerza sobre La Habana y las obliga a meterse en un portal. Cuando llegan, José ya está durmiendo porque tiene que trabajar muy temprano mañana; es conductor de *guaguas*[25], o sea, *guagüero* y tiene un horario complicado. Comen un poco de fruta: mango y *fruta bomba*[26]. Después, Lisa instala una hamaca de yute en un rincón de la gran pieza y le dice a su hermana:

- Yo voy a dormir aquí, te dejo mi cama.

- Nada de eso, compañerita, yo prefiero la hamaca, es más divertido.

- *Ta*[27] bien, buenas noches.

- Lisa...

- *¿Quiay* [28]?

- Estoy un poquitico *daun*[29]...

- ¿Qué tú tienes, mi hermana?

- Me acuerdo de Kevin...

- ¿Quién es Kevin?

- *My boyfriend.*

- Dime nomás. ¿Cómo es?

- Es muy *anglo...* norteamericano, rubio, deportista, protestante, pragmático, sabe lo que quiere... Su papá tiene una empresa de electrodomésticos en Florida... Tienen mucha plata y él es hijo único... Son buena gente, a *mi mami*[30] le gustan mucho; es muy amiga de la mamá de Kevin, que es la única que no me gusta a mí, parece una *Barbie.*

- ¿Y además de todo eso, qué estudia, qué le interesa, es artista, tiene ideales, quiere ayudar?

- Bueno, nos conocimos en la *High School...* Él ahora está en una escuela de *business administration* para entrar en la empresa de su papá... No tiene problemas... Le gusta el surf, el béisbol, el golf, bailar, manejar, ver televisión...

- Ajá. ¿Y le interesa Cuba?

- Bueno, no mucho, *I mean*, allá les interesa sobre todo lo que pasa en el país de ellos... Cuba les parece un país de locos o de *tarados*[31], no comprenden cómo ustedes todavía no botaron a Fidel.

- ¿Y tú no le hablas de tu país?

- ¿Para qué?

- Tienes razón, ¿para qué? Buenas noches, hermanita; me estoy muriendo de sueño.

- Buenas noches, Lisa y gracias por este primer día tan lindo.

6

Al día siguiente deciden visitar museos. Primero, una visita a los viejos palacios de La Habana Vieja: la Casa de la Comedia, el Museo de Autos Antiguos, donde hay una pequeña colección de coches pertenecientes a personajes como Benny Moré y Che Guevara; la Casa del Árabe, con restos arqueológicos y un restaurante en el piso superior; la Casa del Marqués de Arcos, ejemplo perfecto de mansión colonial en La Habana; la Casa del Obispo, con su colección de arte y artesanía y el palacio de los Marqueses de Aguas Claras, hoy también restaurante, con una de las más hermosas vistas desde su terraza. En algunas calles y plazas hay eslóganes que sorprenden a Priscilla: "*Patria o muerte*", dice uno; "*Venceremos*", dice otro.

A Priscilla le duelen los pies y está tan cansada que ya no puede caminar. Lisa se ríe:

- Ustedes los *gringos*[32] ya no saben caminar, igualito que *la cucaracha*[33] de la canción, siempre en carro a todos lados. ¿Para qué quieren las piernas?

- ¡*Help,* compañerita, *I'm so tired...*!

- Okay; te voy a llevar a uno de los lugares más famosos de La Habana, y allá te sientas nomás: La Bodeguita del Medio, uno de los mejores restaurantes y además, famoso porque Hemingway escribió que en ella se beben los mejores mojitos del mundo. Antes era una bodeguita, o sea, un lugar donde se venden alimentos, pero el *gallego*[34] Angel Martínez la transformó y la hizo famosa; hasta el poeta Nicolás Guillén le dedicó unos versos.

Media hora después están bebiendo dos inolvidables mojitos. Detrás del mostrador se puede leer una frase escrita por Hemingway: "*Mi daiquiri en el Floridita y mi mojito en la Bodeguita*".

Eligen en la carta *macho frito*[35] con yuca, ñame y moniatos; y de postre, dulce de coco.

Pero no han terminado la visita. Después de comer, con el estómago lleno y la cabeza alegre por los mojitos, visitan el convento de Santa Clara, la Iglesia del Espíritu Santo, que es la más antigua de la isla y por último, la casa de José Martí.

Vuelven a casa muertas de cansancio pero tienen que tomar una ducha para relajarse y después cambiarse de ropa, porque esta noche José las invita a ver el Ballet Nacional de Cuba, que presenta el espectáculo *Giselle*, su gran creación. Priscilla se pone una falda larga negra, muy sexy y saca de su valija otra igual para su hermana. Pero las blusas, de seda, son diferentes: la de Lisa es verde, la de Priscilla es azul.

- Las compré en un negocio muy *chic* de Ocean Drive, pero *on sale*[36], por supuesto.

José está orgulloso de tener dos hijas tan atractivas y elegantes. Todos los hombres las miran en el teatro... Y las mujeres también.

- ¿Sabes, Yol... perdón, Priscilla? La directora de la compañía es Alicia Alonso, la mítica bailarina que ahora tiene 76 años y que bailó hasta hace muy poco. Es extraordinaria, seguramente está en el teatro esta noche. Hace 50 años que trabaja aquí y que existe la compañía.

- *I mean*, papi, que acá hay más lugar para los viejos que en los Estados Unidos. Allá todo es para los jóvenes, es diferente.

- Hay tantas cosas diferentes, m'hijita...

El teatro está completamente lleno y el espectáculo es único y de gran calidad artística.

- ¿En Miami vas alguna vez a ver ballet?

- Bueno, es muy caro, ¿sabes? En televisión a veces... pero me gusta más la danza moderna.

Después del teatro José las lleva a un *paladar*[37] muy conocido. Tienen una mesa reservada, porque no siempre es fácil encontrar mesas libres; los paladares no pueden tener más de 12 sillas y deben pagar muchos impuestos, pero la comida es mejor y más variada, y el servicio más rápido y agradable que en los restaurantes estatales. Priscilla no comprende nada.

- Pero mi hermana, esto sí que es absurdo. Hay que favorecer la iniciativa privada para crear puestos de trabajo y para ganar dinero. Los restaurantes del estado son una catástrofe, no funcionan. A los empleados no les importa si hay clientes o si quedan contentos, nadie es patrón.

- Tienes razón -interviene José-, pero actualmente las cosas están cambiando, m´hijita, hay una apertura. Hay más de 1.500 restaurantes privados en el país... Todos los días se abren nuevos negocios privados; pero esta práctica crea desigualdades sociales; no olvides que nuestro sistema está basado en la igualdad, todos tenemos los mismos derechos.

- ¿Qué tú dices, la igualdad? La gran pendejada, papito. Los seres humanos no nacen iguales: unos son inteligentes, otros son estúpidos; unos lindos, otros feos; unos ricos, otros pobres; unos sanos, otros enfermos... ¿Dónde está la igualdad? Todos tenemos derecho a poder trabajar libremente, eso sí. Y a viajar libremente y a...

La gente de las mesas vecinas los mira. Lisa dice en voz baja:

- *Let us not talk about politics, please.*

7

Esa noche, ni Lisa ni Priscilla pueden dormir, la una en su cama, la otra en su hamaca.

- Lisa... ¿Tú estás durmiendo?

- No, no tengo sueño... ¿Tú tampoco?

- Tampoco. ¿En qué tú piensas?

- En la conversación de antes sobre el trabajo... Todos tenemos un poco de razón, pero como no podemos hablar de política para no enojarnos, ¿de qué podemos hablar?

- De muchachos, por ejemplo. ¿Tú tienes un *boyfriend?*

- ¿Un *compromiso*? Exactamente un compromiso, no... pero me gusta mucho Jenaro, lo conocí en la *zafra*[38] el año pasado... está estudiando medicina.

- ¿Y dónde está ahora?

- En la zafra otra vez; yo no fui este año porque tú venías acá.

- ¿Pero cómo puede perder el tiempo en un trabajo de *guajiro*[39] un estudiante de medicina? ¿Cómo puede estropearse las manos cortando caña con un machete?

- No es perder el tiempo, Priscilla. La zafra, y la caña de azúcar forman parte de nuestra cultura. ¿Conoces los versos de Nicolás Guillén?

"El negro
junto al cañaveral.
El yanki
sobre el cañaveral.
La tierra
bajo el cañaveral.
¡Sangre
que se nos va!"

- Además, compañerita, todos debemos estar preparados para todo, para el ejército también, para defender a Cuba de los ataques...

- Ah, no, por favor. Deja los eslóganes para mañana, ¿ves?, no podemos hablar de nada. Buenas noches, Lisa.

- Buenas noches, Yol... perdón, Priscilla.

A la mañana siguiente, Priscilla se levanta la primera y prepara el desayuno: jugo de piña, melón, yogur y una tacita de café. Despierta a su hermana y le da un beso.

- Ay, chica, perdóname por lo de anoche, a veces tengo un carácter insoportable, me parezco a nuestra mami. ¿Desayunamos? Háblame de Jenaro, por favor.

- No te preocupes, mi amor, está olvidado. ¿Qué tú quieres, saber cómo es Jenaro? Jenaro es muy moreno, un poco mulato, pero muy poquitico... Es muy alto, con unos ojazos negros que... bueno, ni te cuento. El pelo muy rizado y la boca sensual.

- Calla, calla, no sigas.

- Sí sigo: es además muy inteligente, está en tercero de medicina y milita en las Juventudes Revolucionarias.

- Entonces no es inteligente.

- Priscilla, no empecemos.

- *Sorry*.

- Quiere ayudar a Cuba y salvar nuestro sistema sanitario; no soporta la falta de medicamentos y de material que produce el bloqueo, le parece demasiado injusto porque las víctimas son los enfermos.

- Lisa, no empecemos.

- *Sorry*. ¿Nos vamos a la playa?

- ¿Cuándo me presentas a tu maravilloso Jenaro?

- No sé cuándo vuelve de la zafra, pero te lo prometo para muy pronto. Hoy podemos ir a Cojímar, es un pequeño pueblo de pescadores donde Hemingway tenía su yate, es conocido sobre todo porque allí escribió *El Viejo y el mar.* Allí vive todavía el anciano Gregorio Fuentes, que tiene 100 años y era el patrón del yate "Pilar". Cuenta la leyenda que este hombre le inspiró el personaje del *Viejo y el mar* y que después del suicidio de Hemingway, nunca más navegó.

- Qué lindo.

- Podemos después seguir hasta la playa de Bacuranao, que está a veinte minutos más o menos, aunque en bici...

- ¡Te *convido*[40] a taxi!

- ¡Qué suerte tener una hermanita yanqui con los bolsillos llenos de dólares!¡Viva el capitalismo!

La arena de la playa es completamente blanca y el mar azul turquesa, los cocoteros llegan hasta la orilla, exactamente como en un folleto de turismo caribeño. Lisa y Priscilla nadan, hacen *jogging*, toman el sol, se relajan y... conocen a dos muchachos encantadores que les proponen ir a bailar con ellos esta noche. Quedan a las diez en una discoteca de La Habana Vieja que Lisa conoce bien.

Después de la playa, Priscilla propone:

- Déjame convidarte a almorzar en el Floridita, no sé qué hacer con mis dólares, tengo demasiados.

- Me da *pena*[41] tener una hermana gemela tan impresentable como tú.

Lisa se ríe.

- ¡Al Floridita pues, y en taxi!

- Más pena todavía.

Comen comida criolla en el famoso restaurante de la calle del Obispo y después van a dormir la siesta a casa: el sol, el deporte, la comida... tienen que descansar para poder salir esta noche.

8

Los dos muchachos se llaman Jorge y Diego. Bailan muy bien y están contentísimos de salir con dos gemelas tan lindas. Pero como son idénticas, no comprenden muy bien quién es la de Miami y quién la de Cuba, cuál es Priscilla y cuál es Lisa. Las dos chicas descubren que puede ser un juego divertido y, como además van vestidas con idéntica ropa (vaqueros, *T-shirt* negro y zapatillas de deporte), es casi imposible para Diego y Jorge saber si están bailando con una o con otra, si la que bebe ron con naranja es Lisa o la que bebe ron con limón es Priscilla, porque cinco minutos después cambian de vaso, cambian de acento, cambian de nombre.

Vuelven a casa a las dos de la mañana y, antes de dormirse, una en su cama y otra en su hamaca, platican un poco:

- Priscilla... ¿Tú estás durmiendo?

- No, no puedo, ¿y tú?

- Tampoco. Priscilla, tengo una idea, pero no sé, mi amor... me da miedo.

- Dime, *honey*, no te dé *pena*[41].

- Es tan fácil para nosotras cambiar de identidad... Tú puedes ser un día Lisa y otro Yol... digo, Priscilla, y yo, lo mismo. ¿Por qué no aprovechamos esta ventaja para conocer yo mejor Miami y tú mejor Cuba?

- ¿Qué tú dices, Lisa, *estás mal de la cabeza*[42]?

- Priscilla, tú sabes que para mí es imposible una visa para los Estados Unidos.

- ¿Qué tú quieres, ir al Norte?

- Quiero ver a nuestra madre y quiero conocer tu mundo, ese mundo de los yanquis que posiblemente no es perfecto, pero tampoco es tan malo como nos lo pintan acá. Con tu pasaporte puedo ser Yol... perdón, Priscilla.

- ¿Y yo... ?

- Tú puedes vivir acá un tiempo, conocer a mis amigos, trabajar, comprender nuestros problemas y nuestro sistema, que no es perfecto, pero tampoco es tan malo como lo pintan allá.

- Ay, Lisa, mi amor, creo que esta noche no voy a pegar un ojo, m'hijita... Tú estás loca.

- Después de un año, por ejemplo, yo vuelvo a Cuba y te "libero". Tú eres otra vez Priscilla y regresas a Miami. Yo entonces me quedo aquí. ¿Okay?

- ¿Cómo que "okay"? Eso lo tengo que pensar muy seriamente, chica. ¿Y Kevin?

- Yo me ocupo de Kevin, *¡Don't worry!*

- ¡Te mato!

Priscilla salta de su hamaca como una tigresa y se lanza sobre su hermana, se pelean, se golpean, ríen, se dan un beso y después:

- Digamos como Scarlett O'Hara: "*Tomorrow is another day*... Okay"?

- Okay... *Good night*!

9

- Buenos días, *gusanita*. ¿Qué hacemos hoy?

- ¡Qué sueño! ¿Qué hora es?

- Las nueve y media. Si quieres ver algo, tenemos que darnos prisa.

- ¡Regla! Hoy quiero visitar Regla, debe ser tan lindo, con su Virgen negra y su Niño blanco... la santería me interesa. En la Universidad *maybe* puedo hacer un trabajo sobre ese tema, puede darme créditos.

- *Supernáis*[43], compañerita. Pasamos el día en Regla y por la noche vamos a escuchar y bailar salsa con Manolín y la Charanga Cubana.

- ¿Es un amigo tuyo?

- ¡Huy, no, para nada! Es un médico superfamoso, que ha dejado la bata blanca y tiene un éxito terrible con su hipersalsa; es fantástico, aunque a veces tiene problemas con la censura porque no siempre es políticamente correcto.

- Hay otra cosa que me apetece mucho oír: boleros. Mi mamá siempre está cantando boleros, es tan lindo: el trío los Panchos, Lucho Gatica, Compay Segundo, Antonio Machín... Es tan romántico.

- Entonces mañana nomás vamos al Dos Gardenias a escuchar boleros. ¿Le gustan a Kevin?

- Oh, no. A Kevin le gusta el *rock and roll* y la música *eléctrica*, no es nada sentimental.

- Entonces podemos ir a bailar otra vez con Diego y Jorge, parecen bastante románticos, ¿no? Ah, y también tenemos que visitar a la familia: los abuelos, la tía Milagros, el tío Paco, el primo Osvaldo y su mamá... Todos están preparando toneladas de dulce de guayaba y de dulce de coco para festejar tu llegada.

- *¡Shit!* ¿Tú no sabes que quiero perder cinco kilos?

- Pues me parece que acá va a ser difícil...

- Pero todos estáis muy delgados, mucho más que en Estados Unidos. Allá hay tanta gente obesa, es terrible.

- Ustedes comen demasiado, me parece y además no caminan nunca, siempre en carro a todos sitios... Sin embargo, en la televisión se ve gente muy linda.

- Y en Miami también, las muchachas y los muchachos más lindos del mundo... en las costas sobre todo: en California, en Florida... también en Nueva York, pero en el interior... hamburguesa pura y dura y vida sedentaria.

- En Cuba caminamos mucho, y vamos en bicicleta también, como no tenemos carros... Más de 30 años de bloqueo, ya sabes: *no gas.* Andamos mucho en bicicleta y..., bueno, comemos lo justo. Todo esto, más las mezclas étnicas hacen una raza linda, compañerita.

- Bueno, pues hoy, bicicleta. Ah, y además tenemos que ir a la peluquería, quiero *pelarme*[44] cortico, como tú.

- ¿Y eso por qué? Llevas un peinado muy lindo.

- ¿No comprendes? Para parecernos más, para ser totalmente idénticas y...

- ¡Oh, Yolanda! ¿Es posible? ¿Lo has pensado bien?

- Toda la noche. Me quedo un año en La Habana y te dejo a Kevin por un año también. ¿Y qué pasa con Jenaro?

- Hum... Okay, pero tienes que adelgazar los cinco kilos ahoritica mismo. Si no, lo va a notar lueguito. ¡No le gustan las gordas!

- ¡No estoy gorda!

- No te enojes, gusanita. ¿Vamos?

Van en bicicleta hasta el muelle y allá toman un barquito que cruza la bahía. El agua está azul y tranquila.

- Qué linda es La Habana.

- Federico García Lorca, el poeta español, dijo: *"Si me pierdo, que me busquen en Cuba o en Granada..."*

- Es verdad, aquí apetece perderse.

Las calles están llenas de gente que va y viene o que simplemente, está. Vendedores, niños jugando, ancianos sentados tranquilamente en los bancos, muchachas platicando. Priscilla piensa que las calles de Miami están muchas veces desiertas porque son demasiado largas y la gente circula en carro.

- Acá la gente te mira a los ojos, es la gran diferencia. Te sientes persona.

- ¿Y allá?

- Hay una gran discreción... bueno, los latinos menos, pero los *anglos* son muy discretos, no se debe molestar con la mirada ni mucho menos, tocar. Acá en Cuba todo el mundo te abraza, te besa, te toca... es *supernáis*.

- Tendré que acostumbrarme a no mirar, ni a abrazar, ni a besar a nadie durante un año.

- Qué tú dices, en Miami la mitad somos cubanos, es diferente, chica.

10

El barquito está llegando a la costa, a Regla. Muy cerca, una iglesia andaluza, con una virgen que llegó del Guadalquivir hace más de cuatro siglos y que es también *Yemayá*, la madre de todos los *orishas*. Cada 8 de septiembre la Virgen sale en procesión. Pero el personaje más popular de la *santería* es San Lázaro, que es al mismo tiempo *Babalú Ayé y* que también sale en procesión acompañado por miles de personas una vez al año.

Priscilla está fascinada por este fenómeno de la *santería* y quiere saberlo todo. Lisa le habla de sacrificios de gallos, de ceremonias rituales, de exorcismos...

- La Habana es una ciudad misteriosa, Lisa. Parece que los *orishas* te miran detrás de las columnas.

- Vas a poder conocerla durante un año, compañerita, aprovéchalo bien.

- Lisa, he pensado que, para despedirnos, podemos celebrar nuestro cumpleaños en Guantánamo, la ciudad donde nacimos hace 18 años; las dos somos guantanameras, ¿no? Vi nuestra ciudad en *Guantanamera*, la película de Gutiérrez Alea, qué nostalgia... Ya sé que está lejos, pero quiero ir allá contigo.

- ¡Qué buena idea! A lo mejor mi papá consigue el carro de su compadre Fulgencio y vamos juntos.

- En Guantánamo hay una base militar estadounidense?

- Sí, desde 1903; casi desde la independencia de los españoles. España cedió Cuba, Puerto Rico y Filipinas a Estados Unidos en 1898. Lo sabes, ¿no?

- Más o menos. ¿Cuándo vamos a Guantánamo? En la película, parecía estar en la otra puntica del mundo.

- Y así es; las carreteras no son buenas en aquella zona.

11

Después de muchas peripecias y con bonos especiales de gasolina, el viejo Cadillac ha llegado a Guantánamo, en el extremo oriental de la isla. Una vieja tía de José, la tía Caridad, los acoge en su vieja casa donde vive rodeada de gallinas, gatos, perros, loros y hasta una cabra. Parte de la familia y amigos han llegado también a Guantánamo para celebrar, en esta noche de luna, el cumpleaños de las dos gemelas, que pronto van a separarse otra vez.

Han traído regalos, modestos, pero muy personales: libros, discos, flores, dulces caseros, botellas de buen ron. En el gran patio de la casa de la tía Caridad huele a jazmines y hay una gran mesa preparada para la fiesta. Alguien ha puesto un disco de boleros y se oye una música dulzona:

"Ya no estás más a mi lado, corazón
y en el alma sólo tengo soledad
y si ya no puedo verte,
¿qué poder me hizo quererte
para hacerme sufrir más?..."

Las letras de los boleros son siempre muy tristes y hablan de amores imposibles. El primo Osvaldo invita a bailar a una de las gemelas:

- ¿Bailas, Yolanda?

- Con mucho gusto -responde Lisa.

En ese momento se oye el ruido de una moto, todos miran a la puerta y aparece un muchacho guapísimo: alto, moreno, un poco mulato, delgado, atlético y con unos grandes ojos negros y una sonrisa blanquísima.

- ¡Jenaro! -grita Lisa, feliz.

- ¿Cómo te fue, mi amor?

Y abraza largamente a Priscilla.

- Yo soy Priscilla, la hermana de Lisa -dice Lisa-. ¿Me abrazas a mí también?

Y se echa en sus brazos.

Las dos gemelas, vestidas igual, peinadas igual, ríen igual.

- ¡Qué sorpresa, mi amor! ¿Cómo fue que viniste?

- Acabé la zafra y quería darte una sorpresica por tu cumpleaños, mi niña. Pasé por tu casa y recogí una postal de Estados Unidos para Priscilla.

Lisa, mirando a su hermana, agarra la postal y la abre:

"Dear Priscilla, Happy birthday! I am glad you are doing fine. I am OK, I guess. It is so hard to be so far away from you, I miss you so much. I am making plans to visit Europe with my parents; I am looking forward to it. Love, Kevin."

- ¡¡¡Uauuuuu!!!

Priscilla, un poquitico enojada, le quita la postal y la lee también. En ese momento, José saca el enorme pastel de cumpleaños que ha preparado la tía Caridad, con dieciocho velas azules y dieciocho velas rosa. Todos cantan:

"Cumpleaños feliz, cumpleaños feliz,
te deseamos todos, cumpleaños feliz..."

Lisa y Priscilla soplan y apagan todas las velas al mismo tiempo.

- ¡Nos casamos este año!

Todos aplauden y ríen.

Lisa mira a Jenaro, pero Jenaro mira a Priscilla, que mira a Lisa. Jenaro va a buscar dos lindas orquídeas, *catleyas* se llaman aquí, una para cada una, y recibe dos besos de las dos hermanas.

El disco de boleros dice ahora:

"*Reloj no marques las horas*
porque voy a enloquecer,
ella se irá para siempre
cuando amanezca otra vez..."

Siempre tristes los boleros, pero tan lindos. Bajo la luna de Guantánamo baila Osvaldo con Priscilla, Jenaro con Lisa, la tía Caridad con José, el compadre Fulgencio con la tía Milagros y el abuelo y la abuela juntos. La cabra los mira melancólica porque no tiene con quién bailar, pero todos han bebido mucho ron y parecen felices.

Al final, el primo Osvaldo dedica a las dos gemelas el poema de José Martí *Guantanamera* que todos cantan :

"*Yo soy un hombre sincero*
de donde crece la caña,
y antes de morirme quiero
echar mis versos del alma.
Guantanamera, guajiro, guantanamera...
Mi verso es de un verde claro
y de un carmín encendido,
mi verso es un ciervo herido,
que busca en el monte amparo.
Guantanamera, guajiro guantanamera..."

Cuando terminan de cantar, la luna ha desaparecido.

12

El avión aterriza en el aeropuerto de Miami y las puertas se abren. Mientras atraviesa el largo *finger,* Lisa respira un aire acondicionado y fresco, un aire nuevo y desconocido. Con su falso pasaporte en la mano, ha llegado por fin a Estados Unidos. Entre el grupo de personas que esperan a los viajeros, una mujer de mediana edad, bien vestida, un poco gruesa, teñida de rubio y que abre los brazos para recibirla: su madre.

13

"Querida hermanita: Tengo tantas cosas que contarte... ¿Por dónde empezar? Bueno, por lo más importante: nuestra madre comprendió desde el primer momento que yo era Lisa y que Priscilla estaba en La Habana. Nuestra relación es un poco difícil pues yo soy una intrusa para ella: no comprendo nada de lo que pasa aquí, no conozco a sus amigos, a sus vecinos, a los cubanos que ella frecuenta... Mi inglés es mucho peor que el tuyo y además mi mirada crítica sobre su mundo la pone nerviosa. Perdió a una compañera y cómplice y tiene que vivir con una extraña. Creo también que se siente un poco culpable de haberme abandonado hace doce años y no sabe cómo repararlo. Bueno, todo esto es mi problema. Te hablaré de otras cosas: me encanta tu casa, me encanta tu pieza, tu música, adoro tu ropa, adoro el fridge *siempre lleno de cosas exquisitas (creo que dentro de poco estaré tan obesa como muchos yanquis), pero... chica, ¿es que tú no lees? ¿Dónde están tus libros? La mami sólo lee revistas del corazón y ya estoy un poco cansada de Naomi Campbell, de Julio Iglesias y de todos los demás. Voy a empezar la universidad, pero antes trabajaré un mes en un Mc Donalds para ganar un poco de* plata[45] *y ayudar a pagar. Estudiar es aquí un lujo. Para nosotros, en Cuba, es un derecho. (Te estoy oyendo: "No hablemos de política, compañerita", me callo, pues). Gracias a* Changó *y a la Virgen de la Caridad del Cobre, Kevin está haciendo un viaje por Europa con sus papis multimillonarios; en este momento me es imposible*

convertirme en la noviecita de un desconocido, al mismo tiempo que descubro a mi madre y que intento comprender el "american way of life". Too much, *hermanita. ¿Y tú? Escríbeme con el fax que le regalaste a nuestro papá; el correo tarda muchísimo. Yo también te faxeo ésta.*

Me gusta Miami. Por la noche sobre todo: las luces, las salas de fiestas, los bares en Miami Beach, la música que sale de todos los locales, comprar sin tener que hacer cola, las tiendas llenas de cosas, las casitas art déco *de todos los colores frente al mar, los hoteles de lujo al borde de la playa, los jardines de Coral Gable. Es casi el* "american dream" *a través del* "cuban dream", *pero... Yo sé que detrás de esta fachada hay muchos problemas. En la universidad voy a estudiar sociología, espero poder comprender mejor cómo son tus gringos.*

Extraño[46] *a nuestro padre, extraño su coraje, extraño a los amigos, extraño la solidaridad de allá, el sentido del humor y de la crítica de los cubanos de Cuba, extraño mi isla bella y extraño a Jenaro, su entusiasmo y su ternura.*

Nuestro año va a ser corto y largo al mismo tiempo, pero creo que vale la pena esta experiencia. Dile a mi papá que le quiero mucho, él es el único, con mami, que conoce nuestro secreto; take care of him, please. *A Jenaro... No, a Jenaro nada, claro está. ¡Escríbeme! Besos, Lisa."*

14

"*Querida Lisa: Qué idea genial la de regalarles a ustedes este fax, así podemos comunicar rápidamente. Lo primero de todo: ¡Soy otra vez Yolanda! Naturalmente, aquí soy Lisa para todos, excepto para el papi, pero de repente, en este contexto, me parece absurdo llamarme Priscilla. Priscilla está muerta y enterrada, díselo a la mami, que tiene que acostumbrarse. Pero chica, qué complicadas son aquí las cosas. El tiempo que pierdo en comprar, en buscar de acá para allá un pedazo de carne, un poquito de arroz, unos gramos de frijoles... Menos mal que todavía tengo dólares y puedo comprar pasta de dientes, jabón y cosas así en las diplotiendas. Cualquier pequeña cosa toma una importancia terrible. Cuando pienso en nuestros* malls *me parecen un sueño, ¿existen realmente? Poder comprar, comprar y comprar... Pero la gente es aquí muy solidaria y todos se ayudan. Candelaria y su marido, los vecinos de arriba, tienen tomates plantados en su balcón y nos dan alguno de vez en cuando; Soledad, la viejita de enfrente tiene tres gallinas en su apartamento y nos vende huevos baratos, muy frescos; yo le llevo nuestras sobras para alimentarlas; estoy descubriendo la imaginación y el espíritu creativo. Ayer hice cola hora y media para una pizza... Cuando nos la comimos el papi yo, era la mejor pizza del mundo. Todos son terriblemente imaginativos: los hombres reparan motores y máquinas, los niños inventan juguetes, las mujeres cosen vestidos en viejas máquinas, crean cosméticos, hacen comidas con cualquier cosa... Ah, otro tema importante: estoy devorando tus libros: el primero de todos,* Paradiso, *de Lezama Lima; genial,* vieja[47]. *En la próxima te cuento. Después, Alejo Carpentier...* El reino de este mundo, *18 años y no conocerlo. ¿Cómo es posible?*

Jenaro me ha prestado también poesía de otros latinoamericanos: Neruda sobre todo me encanta. Voy a ir a la Universidad, quiero ser ingeniera agrónoma, quiero comprender la agricultura de Cuba y los problemas del bloqueo; Jenaro me va a llevar a la zafra. Lo peor es que no conozco la dialéctica revolucionaria y en las reuniones de comités y de estudiantes y, hasta de vecinos, siempre estoy callada, porque no entiendo una palabra. El papi me explica cosas cuando vuelve del trabajo, pero el mundo de los jóvenes de aquí es tan diferente del de Miami... Debo también hacer una prestación social, ayudando a viejitos en un hospicio; a pesar de todas las dificultades, estoy contenta de esta experiencia, pero dame consejos, compañerita, help me, please. *A mi mami, dile que la extraño muchísimo, no le dejes comer muchos* cookies *y* ice cream, *que engorda y luego se pone* "depre"[48]. *A Kevin... bueno, a Kevin, nada, qué le vas a decir. Pero yo creo que le voy a confesar la verdad a Jenaro. Me mira con unos ojos muy raros y me dice que cambié tanto últimamente.* What must I do? *Un beso, compañerita, de tu Yolanda.*

15

Lector: Un terrible huracán o *rabo de nube* que pasó en aquellos días por La Habana, destruyó el fax de José y Yolanda. La autora de esta historia no ha podido obtener más información sobre la experiencia de intercambio de identidad de las dos gemelas. ¿Puedes ayudarnos tú a encontrar un final a este relato? Solo o con un grupo de compañeros de clase, intenta imaginar un *happy end.* A lo mejor hasta puede interesarle al editor de este libro.
¡Gracias por tu ayuda!

NOTAS EXPLICATIVAS

(1) **-ito, -ita, -ico, -ica.** Son sufijos muy frecuentes en el español de Cuba. Pueden tener matices afectivos, despectivos, diminutivos, irónicos, etc.

(2) En Hispanoamérica, al contrario que en España, es común anteponer el pronombre personal tú al verbo, en las interrogaciones.

(3) **Lindo/a.** Adjetivo de uso extendido en Hispanoamérica. Se aplica indiferentemente a personas y a cosas. En España, en cambio, se usa "bonito/a" para cosas y "guapo/a" para personas.

(4) **Carro y máquina**. En España se usa "coche".

(5) **Acá y allá.** En España se usa "aquí" y "allí".

(6) **Bloqueo.** Desde 1962 Cuba es objeto de un bloqueo económico por parte de los EE UU, iniciado tras la instalación de misiles soviéticos en suelo cubano, que fueron retirados ese mismo año.

(7) **Yanqui** *(yankee).* Apelativo despectivo que se da en Cuba a los estadounidenses, especialmente en un contexto político.

(8) **Gusano/a.** Apelativo despectivo que dan los cubanos de Cuba a los cubanos que han abandonado la isla por razones políticas.

(9) **Pieza.** En España se usa "habitación", "cuarto".

(10) **Frigo.** Contracción de "frigorífico".

(11) **Mojito.** Bebida típica de Cuba, a base de ron blanco, jugo de limón, hielo picado y yerbabuena (menta).

(12) En Latinoamérica el pronombre “vosotros” ha sido remplazado sistemáticamente por “ustedes”, así como las formas verbales y pronominales correspondientes, tanto en situaciones formales como informales. En España “usted” y “ustedes” sólo se usan en situaciones formales o para dirigirse a personas mayores.

(13) **Margarita.** Cóctel mejicano a base de tequila, zumo de limón, hielo picado y sal.

(14) **M´hijita.** Contracción de “mi hijita”.

(15) **Guayabera.** Chaqueta muy ligera y fresca, de algodón blanco, que llevan los hombres en Cuba.

(16) **Tabacos.** Nombre de los cigarros puros habanos en Cuba.

(17) **Platicar.** Término extendido por la mayor parte de Hispanoamérica. En España se usa “charlar”, “conversar”.

(18) **Manejar.** En España se usa “conducir”.

(19) **Nomás.** Partícula conversacional con diferentes significados según el uso. Los más comunes son “nada más” y “ahora mismo”.

(20) **Celia Cruz.** Cantante cubana muy popular.

(21) **Gloria Stefan.** Cantante cubana del exilio de Miami, popular sobre todo en Estados Unidos y en Europa.

(22) **José Martí.** Fundador del Partido Revolucionario Cubano en 1982. Héroe de la independencia y poeta.

(23) **Pendejada.** Término de uso coloquial que significa “tontería”, “necedad”.

(24) **Aguacero.** Lluvia torrencial típica de los países tropicales, que se produce en la época de las lluvias.

(25) **Guagua.** En Cuba y otros países latinoamericanos, así como en las Islas Canarias, "autobús". En Chile significa "niño".

(26) **Fruta bomba.** Nombre que se da en Cuba a la papaya. Este último término es tabú y de significado obsceno.

(27) **Tá.** Contracción coloquial de "está".

(28) **¿Quiay?** Contracción coloquial de "¿Qué hay?"

(29) **Daun.** Transcripción fonética del inglés *down.* "Estar daun" significa "estar deprimido".

(30) Los hispanohablantes adultos de Latinoamérica prefieren decir cuando hablan de sus padres **"mi papá"** y **"mi mamá"** (o familiarmente "mi mami", "mi papi"), mientras que los españoles prefieren los términos "padre" y "madre". En México, además, la palabra "madre" puede tener valores muy peyorativos y hasta obscenos.

(31) **Tarado/a.** En sentido figurado "loco/a".

(32) **Gringo.** En Hispanoamérica es usado despectivamente como norteamericano de los Estados Unidos.

(33) **La cucaracha.** Canción muy popular de origen cubano: *La cucaracha ya no puede caminar, porque le faltan, porque no tiene las dos patitas de atrás (*otra versión*: porque no tiene marihuana pa' fumar).*

(34) **Gallego.** Apelativo que se da a los inmigrantes españoles en Cuba y algunos otros países de Latinoamérica.

(35) **Macho frito**. Cerdo o puerco cocinado de una manera especial.

(36) **On sale.** En inglés, "rebajas".

(37) **Paladar.** Restaurante privado que prolifera actualmente en Cuba, con ciertas limitaciones: máximo doce sillas, no pueden servir carne, pagan altos impuestos, etc.

(38) **Zafra.** Faena agrícola de recogida de la caña de azúcar; participan en ella la mayoría de los jóvenes, sea cual sea su profesión.

(39) **Guajiro.** En Cuba significa "campesino".

(40) **Convidar.** En España se usa "invitar".

(41) **Dar pena o tener pena** es sinónimo en Cuba de "dar vergüenza" o "tener vergüenza".

(42) **Estar mal de la cabeza** significa, en sentido figurado, "estar loco".

(43) **Supernáis.** Transcripción fonética del inglés *super nice*.

(44) **Pelarse.** En España se usa "cortarse el pelo".

(45) **Plata.** Término usado en Hispanoamérica como sinónimo de dinero, hacienda o fortuna. Su uso proviene de la abundancia de la moneda de plata en América, a partir de la conquista de los españoles. La cantidad de plata extraída en América, en proporción a la del oro era del 46:1.

(46) **Extrañar.** En España se usa más "añorar" o "echar de menos".

(47) **Viejo/a**. Nombre afectivo usado en las relaciones interpersonales, especialmente en el círculo familiar. Hoy en día es común llamar "el viejo" o "la vieja" al padre o a la madre.

(48) **Depre.** Contracción de "depresión".

¿HAS COMPRENDIDO BIEN?

1. Cuba es una isla. ¿Puedes hacer una lista con los términos geográficos que has aprendido en este libro?

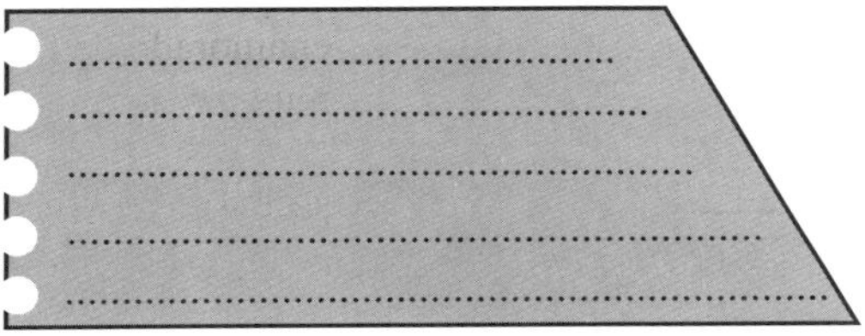

2. ¿Quién te resulta más simpática, Lisa o Priscilla? ¿Por qué? ¿Qué cualidades y defectos ves en cada una de ellas?

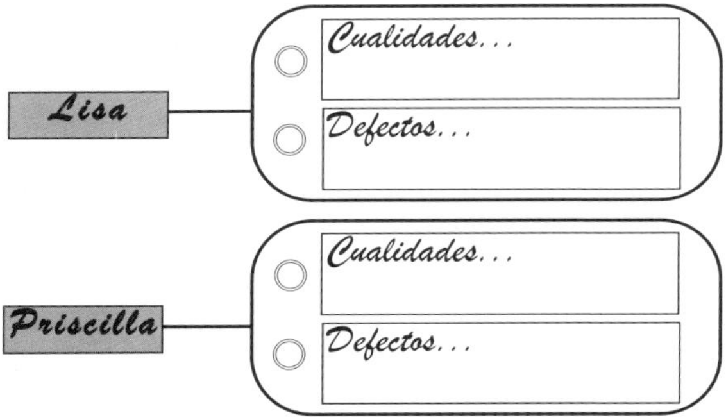

3. Completa los espacios vacíos.

Cuba es un .... multirracial. La mayoría de la .... es mestiza. Hay dos religiones en Cuba: la católica y la .... Fidel Castro .... en el poder desde 1958. El bloqueo económico complica mucho la .... de los cubanos. Los .... son los cubanos disidentes y exiliados que .... fuera de la isla. Miami .... la segunda ciudad cubana en número de habitantes.

4. ¿Ser o estar?

Jenaro Kevin La Habana Yolanda	**ES** **ESTÁ**	un revolucionario convencido. una bella ciudad. enamorado de Priscilla. muy americanizada.

5. Coloca la preposición adecuada.

● de ● con ● de ● en ● por

El cadillac es .... un vecino. Llegan a la Habana Vieja .... el Parque Central. Priscilla lo mira todo .... los ojos muy abiertos. Se encuentra .... un mundo muy distinto. Hace 12 años que vive lejos .... esta ciudad.

6. ¿Puedes resumir en diez cortas frases lo que sabes de Cuba después de leer este libro?

1. ....
2. ....
3. ....
4. ....
5. ....
6. ....
7. ....
8. ....
9. ....
10. ....

7. Di si son verdaderas o falsas las siguientes frases.

	V	M
Lisa y José viven en un lujoso chalé.	☐	☐
Alicia es una profesora de la universidad.	☐	☐
Lisa nunca ha estado en EE. UU.	☐	☐
José es conductor de autobús.	☐	☐
Las sociedades con más dificultades económicas son más solidarias.	☐	☐
El regalo de cumpleaños de Priscilla es un billete de avión para La Habana.	☐	☐

8. Kevin y Jenaro son completamente distintos. ¿Puedes describir su físico y su manera de ser?

KEVIN

Físico...

Manera de ser...

JENARO

Físico...

Manera de ser...

9. Viajas a Cuba este invierno. ¿Qué metes en la maleta?

10. En este grupo de palabras hay un intruso. ¿Sabes reconocerlo? Explica por qué.

☐ mojito	☐ pizza	☐ daiquiri
☐ margarita	☐ cubalibre	☐ piña colada

....

....

11. ¿Puedes traducir al español la carta de Kevin a Priscilla?

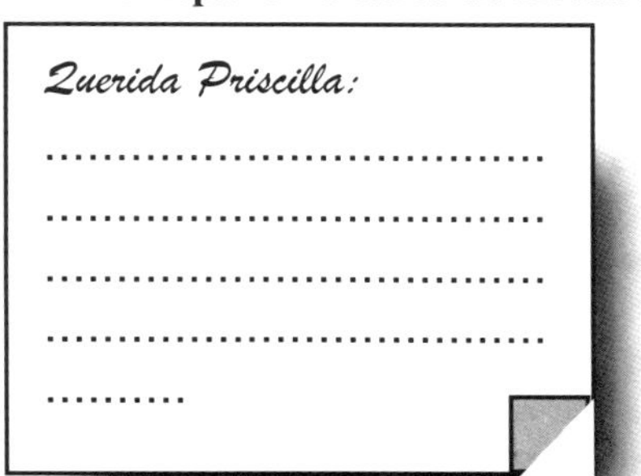

12. Si has visto alguna película cubana, ¿qué recuerdas de ella? Puedes escribir aquí algunas frases o hablar de ella.

....

....

....

....

13. Termina las frases siguientes.

- ❑ El problema de los hospitales cubanos..
- ❑ En Cuba hay pocos particulares porque ....
- ❑ Las calles de La Habana ....
- ❑ A Lisa y a Priscilla les gusta mucho ....
- ❑ Van a la heladería Coppelia para ....
- ❑ Lisa dice que Che Guevara ....
- ❑ Un paladar es un restaurante ....
- ❑ Alicia descubre que ....

14. ¿Recuerdas los ingredientes del mojito? ¿Puedes darnos la receta de una bebida o cóctel que te guste mucho?

....

....

....

....

....

15. Haz comparaciones de igualdad, superioridad e inferioridad entre las dos gemeles y sus respectivas vidas.

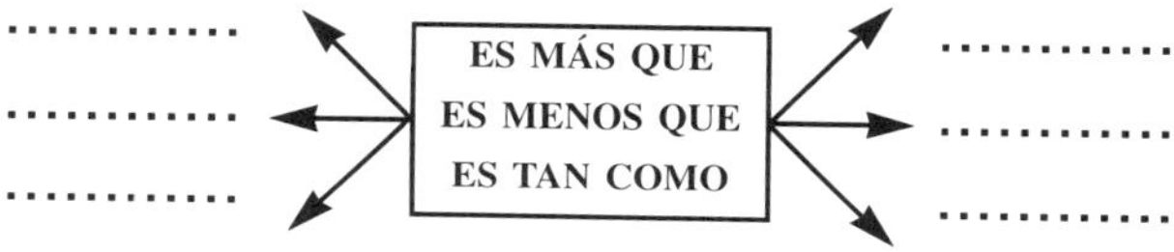

16. Pon en la forma adecuada los verbos entre paréntesis.

❑ Alicia no (*querer*) .... saber nada de Cuba.
❑ Alguien pone un disco y (*oírse*) .... un bolero.
❑ Priscilla (*preferir*) .... dormir en la hamaca.
❑ Llaman a la puerta y (*empezar*) .... a llegar la familia.
❑ José (*pensar*) .... que (*haber*) .... mucho ruido.
❑ Priscilla (*tener*) .... que descansar.
❑ Lisa dice a su hermana: (*escuchar, tú*) .... esta canción.
❑ José ya está (*dormir*) .... porque tiene que trabajar.
❑ Las dos hermanas todavía no (*haber*) .... visitado todo.

17. Señala con una cruz las palabras relacionadas con la comida.

❑ arroz
❑ paladar
❑ frijoles
❑ silla
❑ estómago
❑ guajiro
❑ santería
❑ piña
❑ hamburguesa
❑ naranja
❑ zapatillas
❑ pastel

18. ¿Puedes hacer una lista de 10 palabras del libro relacionadas con el vestido?

- ....
- ....
- ....
- ....
- ....
- ....
- ....
- ....
- ....
- ....

19. Combina las tres columnas.

Yolanda	piensa	que Miami es una ciudad lujosa.
Lisa	quiere	mejorar los hospitales.
Jenaro	deciden	celebrar su cumpleaños en Guantánamo.
Lisa y Yolanda		que es más bonito llamarse Priscilla.

20. ¿Conoces Cuba? Háblanos de tu viaje a este país. Si no conoces Cuba, ¿te apetecería ir de viaje a esta isla o preferirías un viaje a Miami? Explica tus preferencias en algunas frases.

....

....

....

Venga a leer

Nivel 0

Serie "Lola Lago, detective"

- *Vacaciones al sol*, 48 págs. ISBN 84-87099-71-8

Serie "Plaza Mayor, 1"

- *Los reyes magos*, 48 págs. ISBN 84-87099-70-X

Nivel 1

Serie "Lola Lago, detective"

- *Poderoso caballero*, 58 págs. ISBN 84-87099-31-9
- *Por amor al arte*, 68 págs. ISBN 84-87099-28-9
- *Una nota falsa*, 48 págs. ISBN 84-87099-73-4

Serie "Plaza Mayor, 1"

- *El vecino del quinto*, 56 págs. ISBN 84-87099-06-8
- *Reunión de vecinos*, 64 págs. ISBN 84-87099-72-6

Serie "Hotel Veramar 1"

- *...Pero se casan con las morenas*, 48 págs. ISBN 84-87099-83-1

Nivel 2

Serie "Lola Lago, detective"

- *La llamada de La Habana*, 48 págs. ISBN 84-87099-11-4
- *Lejos de casa*, 48 págs. ISBN 84-87099-74-2

Serie "Plaza Mayor, 1"

- *El cartero no siempre llama dos veces*, 72 págs.ISBN 84-87099-12-2

Serie "Primera Plana"

- *Vuelo 505 con destino a Caracas*, 80 págs. ISBN 84-87099-10-6

Serie "Hotel Veramar"

- *Moros y cristianos*, 48 págs. ISBN 84-87099-84-X
- *Más se perdió en Cuba*, 48 págs. ISBN 84-87099-82-3

Nivel 3

Serie "Lola Lago, detective"

- *¿Eres tú, María?*, 56 págs. ISBN 84-87099-04-1

Serie "Aires de Fiesta"

- *De fiesta en invierno*, 48 págs. ISBN 84-87099-95-5
- *De fiesta en primavera*, 48 págs. ISBN 84-87099-97-1
- *De fiesta en verano*, 48 págs. ISBN 84-87099-96-3
- *De fiesta en otoño*, 40 págs. ISBN 84-87099-05-1

Nivel 4

Serie "Almacenes La Española"

- *Una etiqueta olvidada*, 38 págs. ISBN 84-87099-20-3
- *Transporte interno*, 38 págs. ISBN 84-87099-21-1

Serie "Hotel Veramar"

- *Ladrón de guante negro.* 56 págs. ISBN 84-87099-01-7

Nivel 5

Serie "Hotel Veramar"

- *Doce rosas para Rosa*, 56 págs. ISBN 84-87099-05-X

ECTURAS

SERIE AMERICA LATINA

Novedades

CUBA

GUANTANAMERAS. Nivel 2
D. Soler-Espiauba, 54 págs. ISBN 84-89344-39-6

Lisa y Priscilla son dos hermanas gemelas que viven separadas desde que eran pequeñas. Lisa vive en La Habana con su padre y, Priscilla en Miam con su madre. Tras 18 años sin verse, se reencuentran para celebrar su cum-pleaños en Guantánamo, la ciudad donde nacieron. Juntas por las calles de La Habana, descubren las diferencia culturales, políticas y los estilos de vida de Cuba y los Estados Unidos.

MÉXICO

UN TAXI HACIA COYOACÁN. Nivel 3
D. Soler-Espiauba, 47 págs. ISBN 84-89344-40-X

La pasión hacia la obra y la persona de Frida Kahlo, famosa pintora mexi-cana, empuja a David a viajar hasta Ciudad de México para hacer realida su mayor deseo: visitar su casa-museo. Además de verlo cumplido, s encontrará con otras sorpresas.

ECUADOR

MÁS CONCHAS QUE UN GALÁPAGO. Nivel 3
D. Soler-Espiauba, 52 págs. ISBN 84-89344-41-8

Macarena es seleccionada de entre un grupo de científicos para viajar hast las Galápagos a trabajar como guía turístico. Una vez allí no logra llevar cabo sus estudios sobre la fauna y flora de la isla debido al enredo en el qu se ve metida.

CHILE

MIRTA Y EL VIEJO SEÑOR. Nivel 3
D. Soler-Espiauba, 62 págs. ISBN 84-89344-42-6

Mirta viaja hasta Madrid huyendo de su propia historia. A la vez que est-dia, vive en casa de un anciano viudo, al que cuida. Su estancia en Madr le ayuda a aclarar las dudas de su pasado y a afrontar el presente.

ARGENTINA

LA VIDA ES UN TANGO. Nivel 3
D. Soler-Espiauba, 44 págs. ISBN 84-89344-43-4

Liliana ve interrumpido su monótono trabajo de psicóloga al aparecer paciente con una extraña proposición: sustituir a su hermana desapareci por razones políticas muchos años atrás. Sin ella saberlo, esta visita la intr-ducirá por un laberinto de problemas por las calles de Buenos Aires.